AF502266

INSTRUCTION

SUR

LES EXERCICES

A PIED ET A CHEVAL

DU RÉGIMENT DES GUIDES

ARMÉS DU FUSIL

Pour servir de complément à l'Ordonnance
du 6 décembre 1829
sur les exercices et les évolutions de la cavalerie.

PARIS

A LA LIBRAIRIE MILITAIRE DE LENEVEU

RUE DES GRANDS-AUGUSTINS, 18

Près du Pont-Neuf.

1854

ÉCOLE DU CAVALIER

A PIED

POUR LES GUIDES

ARMÉS DU FUSIL.

École du cavalier à pied.

PREMIÈRE LEÇON.

PREMIÈRE ET DEUXIÈME PARTIES.

Comme l'ordonnance de cavalerie du n° 1 au n° 33 inclusivement.

DEUXIÈME LEÇON.

Ire PARTIE.	IIe PARTIE.
Principes du port d'armes. Travail de pied ferme au port d'armes et marche au port d'armes.	Maniement des armes. Charge en dix temps. Charge à volonté. Des feux. { Position du premier rang. Position du deuxième rang.

PREMIÈRE PARTIE.

34. — Cette leçon est donnée, autant que possible, homme par homme, ou au plus à 4 cavaliers à la fois. Dans ce dernier cas, ils sont

placés sur un rang à un mètre (3 pieds) l'un de l'autre.

35. — Le cavalier, armé de son fusil, est en veste d'écurie, bonnet de police et giberne, la bretelle du fusil bien tendue ; il est sans sabre.

Principes du port d'armes.

36. — L'arme dans le bras droit, le canon d'aplomb et appuyé au défaut de l'épaule, la sous-garde en avant ; le bras légèrement ployé sans écarter le coude, la main droite embrassant la platine, le pouce au-dessus de la sous-garde, le premier doigt dessous, les autres sous le chien, la contre-platine sur la couture du pantalon, la main gauche pendante sur le côté.

37. — Le cavalier de recrue étant sujet à porter le corps en arrière, à baisser l'épaule droite, ou à trop écarter le coude, il faut lui ôter quelquefois l'arme pour rectifier sa position.

Travail de pied ferme au port d'armes, et marche au port d'armes.

38. — L'instructeur fait exécuter au cavalier les mouvements de la première leçon, en veillant à ce qu'il conserve toujours la régularité du port d'armes.

DEUXIÈME PARTIE.

Maniement des armes.

40. — L'exécution de chaque commandement ou partie de commandement forme un *temps*; mais ce *temps* se divise en *mouvements* pour en démontrer le mécanisme et en faciliter l'exécution.

La dernière syllabe d'un commandement ou d'une partie de commandement décide l'exécution vive d'un temps d'exercice, ou du premier mouvement de ce temps quand il est divisé. Les commandements *deux*, *trois*, etc., décident celle des autres mouvements.

Dès que le cavalier connaît bien les mouvements d'un temps, on lui montre à les exécuter sans s'arrêter sur chacun; mais il en observe le mécanisme, afin d'éviter les inconvénients de ce qu'on appelle *escamoter l'arme.*

Toutes les fois qu'on veut faire le maniement des armes, on commence par faire *reposer sur les armes.*

L'instructeur porte une attention particulière à ce que le maniement des armes ne dérange pas la position du corps : il n'emploie à cet exercice que la moitié du temps de la leçon, et le reste à *la marche.*

Quand on veut faire REPOS, on fait *reposer sur les armes* et *mettre les armes à terre*, ce qui s'exécute comme il est prescrit n° 55.

Quand on veut faire *en place* = REPOS, on fait d'abord *reposer sur les armes ;* mais si les armes sont chargées, on fait mettre l'*arme au bras.*

41. — Le cavalier étant au port d'armes, l'instructeur commande :

Reposez-vous = (*sur vos*) ARMES.

1 *temps*, 3 *mouvements.*

1. A la dernière partie du commandement, qui est ARMES, détacher l'arme avec la main droite perpendiculairement

et à 11 centimètres (4 pouces) de l'épaule, la saisir en même temps de la main gauche à la capucine.

2. Saisir l'arme avec la main droite à 8 centimètres (3 pouces) au-dessus de la main gauche.

3. Abandonner l'arme de la main gauche, qui se replace vivement sur le côté; allonger le bras droit, laisser glisser l'arme dans la main droite jusqu'à terre, sans frapper; le talon de la crosse à 5 centimètres (2 pouces) et à hauteur de la pointe du pied droit, le coude près du corps; le canon entre le pouce et les trois premiers doigts allongés, le petit doigt derrière le canon.

POUR LE MANIEMENT DES ARMES.

42. — Ce commandement n'indique aucune exécution : il sera seulement commandement d'avertissement.

43. — A supprimer.

Portez = (*vos*) ARMES.

1 *temps*, 3 *mouvements*.

44. — 1. A la dernière partie du commandement, qui est ARMES, élever l'arme perpendiculairement avec la main droite, le canon détaché à 4 pouces de l'épaule, saisir l'arme avec la main gauche à la capucine, le pouce allongé.

2. Descendre la main droite, la placer à la platine, le pouce au-dessus de la sous-garde, le premier doigt dessous, les autres sous le chien.

3. Appuyer l'arme à l'épaule avec la main droite, et replacer vivement la main gauche sur le côté.

Présentez = (*vos*) ARMES.

1 *temps*.

45. — A la dernière partie du commandement, qui est ARMES, apporter l'arme

avec la main droite vis-à-vis le milieu du corps, le canon d'aplomb ; la sous-garde en avant, l'avant-bras collé au corps sans être gêné ; saisir l'arme de la main gauche au-dessus et contre la platine, le pouce allongé sur le canon contre le bois, le poignet à la hauteur du coude ; la main droite, quittant alors la sous-garde, saisit la poignée, les doigts allongés.

Portez = *(vos)* ARMES.

1 *temps*.

46. — A la dernière partie du commandement, qui est ARMES, placer la main droite à la sous-garde, rapporter l'arme avec la main droite contre l'épaule, le canon d'aplomb et replacer en même temps la main gauche sur le côté.

L'arme = *(au)* BRAS.

1 *temps*, 4 *mouvements*.

47. — 1. A la dernière partie du comman-

dement, qui est **BRAS**, détacher l'arme avec la main droite, perpendiculairement et à 11 centimètres (4 pouces) de l'épaule, la saisir en même temps de la main gauche à la capucine.

2. Élever l'arme avec les deux mains, en la tournant le canon en avant, pour la placer vis-à-vis le défaut de l'épaule gauche, la main gauche à hauteur du col, le pouce allongé ; glisser la main droite jusqu'à la naissance de la crosse, dont le plat s'appuie à la hanche.

3. Placer l'avant-bras gauche sur la poitrine, le chien appuyé sur l'avant-bras, la main à plat sur le téton droit, les doigts joints, le pouce détaché.

4. Replacer vivement la main droite sur le côté.

Portez = (*vos*) ARMES.

1 *temps*, 4 *mouvements*.

48. — 1. A la dernière partie du com-

mandement, qui est ARMES, saisir l'arme avec la main droite à la naissance de la crosse.

2. Détacher l'arme de l'épaule à 11 centimètre (4 pouces); placer la main gauche à l'embouchoir, le pouce allongé, l'avant-bras contre la platine.

3. Descendre l'arme avec les deux mains en la tournant la sous-garde en avant; l'apporter perpendiculairement vis-à-vis et à 11 centimètres (4 pouces) de l'épaule droite, la main gauche un peu au-dessus de la hanche droite; la main droite se replaçant à la platine.

4. Appuyer l'arme à l'épaule avec la main droite, et replacer vivement la main gauche sur le côté.

L'arme sur l'épaule = DROITE.

1 *temps*, 2 *mouvements*.

49. — 1. A la dernière partie du commandement, qui est DROITE, détacher

l'arme perpendiculairement à 11 centimètres (4 pouces) de l'épaule avec la main droite, en l'élevant un peu, et la saisir de la main gauche à la poignée.

2. Ressaisir l'arme avec la main droite à la crosse ; la placer sur l'épaule droite, la platine en dehors, le bout du canon en l'air dirigé en arrière à gauche, et replacer vivement la main gauche sur le côté.

Portez = (*vos*) ARMES.

1 *temps*, 2 *mouvements*.

50. — 1. A la dernière partie du commandement, qui est ARMES, redresser l'arme avec la main droite en la saisissant de la main gauche à la poignée, la sous-garde en avant, et la descendre perpendiculairement, la main droite se replaçant à la platine.

2. Appuyer l'arme à l'épaule avec la main droite et replacer vivement la main gauche sur le côté.

L'arme sous le bras = DROIT.

1 *temps*, 3 *mouvements*.

51. — 1. A la dernière partie du commandement, qui est DROIT, détacher l'arme perpendiculairement à 11 centimètres (4 pouces) de l'épaule avec la main droite, en l'élevant un peu, et la saisir de la main gauche à la poignée.

2. Saisir l'arme avec la main droite à la capucine.

3. Chasser la crosse sous le bras avec la main gauche, en tournant l'arme avec les deux mains, le canon en dessous, la platine au-dessus de la hanche, la sous-garde touchant le corps, le bout du canon dirigé vers la terre, le pouce de la main droite sur la baguette, pour la contenir; replacer vivement la main gauche sur le côté.

Portez = (*vos*) ARMES.

1 *temps*, 3 *mouvements*.

52. — 1. A la dernière partie du com-

mandement, qui est ARMES, redressez l'arme avec la main droite, en la tournant la sous-garde en avant, la platine en dehors, la main droite à hauteur du téton, le pouce allongé sur le bois, la saisir de la main gauche à la naissance de la crosse.

2. Descendre l'arme perpendiculairement avec la main gauche, la droite se replaçant à la platine.

3. Appuyer l'arme à l'épaule avec la main droite, et replacer vivement la main gauche sur le côté.

Reposez-vous = (*sur vos*) ARMES.

1 *temps*, 3 *mouvements*.

Comme il est prescrit pour le fusil, n° 41.

Fusil = (*à la*) GRENADIÈRE.

1 *temps*, 2 *mouvements*.

53. — 1. A la dernière partie du com-

mandement, qui est GRENADIÈRE, défaire la boucle de la bretelle et la faire couler jusqu'à la capucine avec les deux mains, soutenant l'arme avec le bras droit, saisir le fusil à la capucine, l'élever en travers au-dessus de la tête, le bout du canon à gauche et plus élevé que la crosse, la platine en dessus, la bretelle pendante.

2. Passer la tête et le bras droit entre la bretelle et le fusil, laisser tomber l'arme à droite, la main droite se plaçant sur la crosse, pour la pousser en arrière; placer la main droite sur le côté.

Replacez = (*le*) FUSIL.

1 *temps*, 2 *mouvements*.

54. — 1. A la dernière partie du commandement, qui est FUSIL, saisir l'arme à la poignée avec la main droite, la tirer en avant pour passer le bras droit entre le corps et le fusil, le saisir de la même main en dessous et contre la capucine.

2. Passer le fusil en travers par-dessus

la tête et placer la crosse à terre près du pied droit, tendre la bretelle et prendre la position de *reposez-vous sur vos armes.*

L'arme = (*à*) **TERRE**

1 *temps*, 2 *mouvements.*

55. — 1. A la dernière partie du commandement, qui est **TERRE**, tourner l'arme avec la main droite, la contre-platine en avant ; courber le corps, avancer le pied gauche, le talon vis-à-vis de la capucine, poser l'arme à terre droit devant soi, le talon de la crosse restant à hauteur de la pointe du pied droit, le jarret droit un peu plié, le talon droit levé.

2. Se relever, rapporter le pied gauche à côté du droit, et replacer les mains sur les côtés.

Relevez = (*vos*) **ARMES.**

1 *temps*, 2 *mouvements.*

56. — 1. A la dernière partie du commandement, qui est **ARMES**, courber le

corps, avancer le pied gauche, le talon vis-à-vis de la capucine.

2. Relever l'arme, en rapportant le pied gauche à côté du droit; la tourner aussitôt avec la main droite, la sous-garde en avant, la main gauche se replaçant sur le côté.

Lorsque le cavalier a le sabre, en même temps qu'il exécute le premier mouvement des Nos 55 et 56, il saisit le sabre avec la main gauche, la pointe en avant, la main fermée, le pouce allongé et touchant l'anneau du bracelet inférieur.

57. — Le cavalier étant à la position de *présentez vos armes*, l'instructeur commande :

Genou = (*à*) TERRE.

1 *temps*.

A la dernière partie du commandement, qui est TERRE, porter le pied droit en arrière en tournant un peu la pointe du pied gauche en dedans, mettre le genou à terre à 16 centimètres (6 pouces) en arrière et à droite du talon gauche;

l'avant-bras gauche appuyé sur la cuisse ; laisser glisser l'arme à terre sans frapper, et abandonner l'arme de la main droite, qui se place à la coiffure, le dessus de la main contre la visière, les doigts étendus et joints, le coude élevé.

Portez = (*vos*) **ARMES.**

2 *temps.*

1. A la première partie du commandement, qui est PORTEZ, élever l'arme de la main gauche, la saisir à la poignée avec la main droite, se relever, rapporter le pied droit à côté du gauche, et reprendre la position de *présentez vos armes*.

2. A la dernière partie du commandement, qui est ARMES, porter les armes comme il est prescrit n° 46.

58. — Le cavalier étant à la position de *présentez vos armes*, l'instructeur commande :

Haut = (*les*) **ARMES.**

1 *temps.*

A la dernière partie du commandement, qui est ARMES, élever l'arme avec les deux mains en la tournant la platine en avant, la main droite tenant toujours la poignée ; la main gauche ouverte, les doigts allongés contre le bois, à hauteur et à 16 centimètres (6 pouces) du col, les coudes abattus.

Pour faire rompre les rangs, l'instructeur commande :

1. *Rompez vos rangs.*

2. MARCHE.

Charge en dix temps.

La cheminée du fusil doit toujours être garnie du tampon, excepté dans le cas où l'on exécute les feux à poudre.

59. — Le cavalier étant au port d'armes, l'instructeur commande :

Charge en dix temps.

1 *Chargez* = *(vos)* ARMES.

1 *temps*, 3 *mouvements*.

1. A la dernière partie du commandement, qui est ARMES, faire un demi-à-droite sur le talon gauche, en portant le pied droit en équerre derrière le gauche, le coude-pied droit vis-à-vis et à 8 centimètres (3 pouces) du talon ; détacher l'arme perpendiculairement et à 11 centimètres (4 pouces) de l'épaule, avec la main droite, en l'élevant un peu ; la saisir de la main gauche, à hauteur du téton droit ; le pouce allongé sur le bois et contre la capucine ; baisser le coude et saisir la poignée avec la main droite, sans que le premier doigt quitte la sous-garde.

2. Chasser avec la main droite la crosse sous le bras ; la poignée à 5 centimètres (2 pouces) au-dessous du téton droit, le coude gauche collé au corps ; le bout du canon à hauteur du menton ; le pouce de la main droite *en travers de la crête du chien, le premier doigt en avant de la détente, les autres derrière la sous-garde, le coude légèrement levé.*

3. *Tirer le chien en arrière, le met-*

tre au cran du repos, en faisant sonner distinctement le cran de la noix; porter la main droite à la giberne, l'amener sur le côté, l'ouvrir, ainsi que la poche aux capsules.

2. *Prenez* = (*la*) CAPSULE.

1 *temps.*

60. — *A la dernière partie du commandement, qui est* CAPSULE, *saisir la capsule avec le pouce et le premier doigt, les autres presque fermés, la porter près de la cheminée, les ongles en dessous, le coude appuyé sur la crosse.*

3. AMORCEZ.

1 *temps*, 2 *mouvements.*

61. — 1. Au commandement AMORCEZ, baisser la tête, porter *les yeux sur la cheminée, y placer la capsule, l'enfon-*

cer avec le pouce, les autres doigts fermés; placer le pouce en travers de la crête du chien, le premier doigt en avant de la détente, les autres derrière la sous-garde.

2. *Tirer le chien un peu en arrière pour le dégager du cran du repos; appuyer le premier doigt sur la détente, en soutenant le chien avec le pouce; le conduire à l'abattu; placer le pouce en arrière de la crête du chien; appuyer fortement pour enfoncer complétement la capsule (à poudre, mettre le chien au cran de sûreté, en faisant sonner distinctement le cran de la noix), saisir de suite l'arme à la poignée, le pouce en dehors*, le poignet joint au corps, le coude en arrière et un peu détaché du corps.

4. *L'arme* = (*à*) GAUCHE.

1 *temps*, 2 *mouvements*.

62. — 1. A la dernière partie du commandement, qui est GAUCHE, redresser l'arme avec les deux mains en étendant vivement le bras droit, *sans baisser l'épaule droite*; passer l'arme devant le corps en la tournant dans la main gauche, la *platine* en dehors, la baguette vers le corps; laisser couler la main gauche jusqu'à la grenadière; faire en même temps face en tête, en tournant sur le talon gauche et portant le pied droit en avant, le talon à 8 centimètre (3 pouces) du coude-pied gauche.

2. Abandonner l'arme de la main droite, la descendre, avec la gauche, le long et près du corps, l'avant-bras appuyé au-dessus de la hanche, le poignet vers le milieu du corps, la crosse arrivant jusqu'à terre, la sous-garde contre la jambe, le bout du canon dans la direction de l'œil droit et à 11 centimètres

(4 pouces) du corps, saisir l'arme *de la main droite, à 3 centimètres* (1 *pouce*) *de l'embouchure.*

5. *Prenez* = (*la*) CARTOUCHE.

1 *temps.*

63. — A la dernière partie du commandement, qui est CARTOUCHE, *porter la main droite à la giberne*, prendre une cartouche, la tenir entre le pouce et les deux premiers doigts, *repousser la giberne en arrière et porter de suite la cartouche entre les dents.*

6. *Déchirez* = (*la*) CARTOUCHE.

1 *temps.*

64. — A la dernière partie du commandement, qui est CARTOUCHE, déchirer la cartouche jusqu'à la poudre, la tenant près de l'ouverture, entre le pouce et les deux premiers doigts ; la descendre de suite, et *saisir le bout du canon avec les deux derniers doigts.*

7. *Cartouche* = *(dans le)* CANON.

1 temps.

65. — A la dernière partie du commandement, qui est CANON, porter l'œil sur le bout du canon, renverser la main droite vers le corps en élevant le coude à hauteur du poignet, et verser la poudre dans le canon ; secouer la cartouche, l'enfoncer avec le premier doigt, et laisser la main renversée, les doigts joints et allongés.

Tirez = *(la)* BAGUETTE.

1 temps, 2 mouvements.

66. — A la dernière partie du commandement, qui est BAGUETTE, baisser vivement le coude droit, saisir la baguette entre le pouce et le premier doigt ployé, tirer vivement la baguette en élevant le bras de sa longueur, les ongles en l'air, la ressaisir par le milieu, entre le pouce et le premier doigt allongés, la tourner

rapidement en rasant le visage, le dedans de la main en avant, la baguette droite, le bras tendu, les yeux fixés sur le bout de la baguette, le gros bout vis-à-vis l'embouchure du canon sans y être engagé.

2. Mettre le gros bout de la baguette dans le canon, et l'y faire entrer jusqu'à la main.

BOURREZ.

1 *temps*, 2 *mouvements*.

67. — 1. Au commandement BOURREZ, étendre le bras de sa longueur en remontant la main droite pour saisir la baguette entre le pouce allongé et les autres doigts fermés; la chasser avec force dans le canon trois fois de suite, le coude près du corps; la ressaisir par le petit bout avec le pouce et le premier doigt allongés, les autres ployés.

2. Tirer vivement la baguette en allongeant le bras, les ongles en l'air; la ressaisir par le milieu entre le pouce et le

premier doigt allongé, le dedans de la main en avant; la tourner rapidement en rasant le visage, les yeux fixés sur le bout de la baguette ; mettre le petit bout dans le tenon, faire glisser la baguette avec le pouce, l'enfoncer vivement en appuyant le creux de la main sur le gros bout, replacer la main droite à un pouce du bout du canon.

Portez = (*vos*) ARMES.

1 *temps*, 2 *mouvements*.

68. — 1. A la dernière partie du commandement, qui est ARMES, élever l'arme perpendiculairement avec la main gauche en la tournant, le canon à 11 centimètres (4 pouces) et vis-à-vis de l'épaule droite; la main gauche à hauteur du téton droit, replacer la main droite à la platine, et rapporter le pied droit à côté du gauche.

2. Appuyer l'arme à l'épaule avec la main droite, et replacer vivement la main gauche sur le côté.

Charge à volonté.

69. — Les cavaliers exécutant bien la charge *en dix temps* sont exercés à la *charge à volonté ;* l'instructeur commande : CHARGE A VOLONTÉ.

Chargez = *(vos)* ARMES.

A la dernière partie du deuxième commandement, qui est ARMES, exécuter les dix temps de la charge sans s'arrêter sur aucun, et sans s'attendre les uns les autres.

L'instructeur doit exiger que les cavaliers chargent leurs armes avec calme et sans précipitation; qu'ils conservent bien la position du corps en passant exactement par tous les mouvements, notamment par ceux *d'amorcer, mettre la cartouche dans le canon et bourrer.*

Des Feux.

70.— L'instructeur doit toujours se placer derrière la troupe pour commander les feux.

Position du premier rang.

L'instructeur commande :

Apprêtez = (*vos*) **ARMES**.

1 *temps*, 2 *mouvements*.

1. A la dernière partie du commandement, qui est ARMES, faire un demi-à-droite sur le talon gauche, en portant le pied droit en équerre derrière le gauche, le coude-pied droit vis-à-vis et à 8 centim. (3 pouces) du talon, détacher l'arme avec la main droite perpendiculairement et à 11 centimètres (4 pouces) de l'épaule, la saisir de la main gauche, le petit doigt *au-dessus et contre la platine*, le pouce sur le canon ; l'élever avec les deux mains, la gauche à la hauteur du col ; placer le pouce de la main droite *en travers de la crête du chien*, *le premier doigt sur la détente*, *les autres sous la sous-garde*, le coude à hauteur de la main.

2. Armer *lentement* en fermant le coude droit, et saisir l'arme à la poignée.

(*En*) JOUE.

1 *temps.*

71. — Au commandement JOUE, abaisser vivement le bout du canon ; glisser la main gauche jusqu'à la capucine, tenant l'arme avec le pouce et le premier doigt de cette main, les autres fermés; appuyer la crosse contre l'épaule, le bout du canon un peu baissé, les coudes abattus, sans être serrés au corps ; baisser la tête sur la crosse, fermer l'œil gauche, diriger l'œil droit le long du canon *par la hausse et le guidon* pour ajuster, et placer le premier doigt de la main droite sur la détente.

72. — Si l'on veut faire redresser les armes avant de faire feu, l'instructeur commande :

Redressez = (*vos*) ARMES.

1 *temps.*

A la dernière partie du commandement, qui est ARMES, retirer le doigt de dessus la détente, redresser vivement l'arme et reprendre la position du deuxième mouvement d'*apprêtez vos armes*, n° 70.

73. — Si, après avoir fait apprêter ou redresser les armes, on veut les faire porter sans faire feu, l'instructeur commande :

Portez = (*vos*) ARMES.

2 *temps*.

1. A la première partie du commandement, qui est PORTEZ, placer le pouce de la main droite *en travers de la crête du chien, le premier doigt sur la détente*, les autres sous la sous-garde, tirer *le chien un peu en arrière pour le dégager du cran de l'arme*, appuyer le premier doigt sur la détente, *en soutenant le chien avec le pouce, le conduire à l'abattu* (*à poudre, le remonter au cran de sûreté en faisant sonner distinctement le cran de la noix*).

2. A la dernière partie du commandement, qui est ARMES, descendre l'arme

avec les deux mains, la droite se replaçant à la platine ; appuyer l'arme à l'épaule ; replacer la main gauche sur le côté, faire face en tête et rapporter le pied droit à côté du gauche.

74. — Le cavalier étant *en joue*, si l'on veut faire feu, l'instructeur commande :

FEU.

1 *temps.*

Au commandement FEU, appuyer le premier doigt sur la détente et faire feu, sans baisser davantage la tête, ni la détourner, et rester dans cette position.

75. — Si, après avoir fait feu, on ne veut pas faire charger les armes, l'instructeur commande

Portez = (*vos*) **ARMES.**

2 *temps.*

1. A la première partie du commandement, qui est PORTEZ, retirer vivement

l'arme et la placer la crosse sous le bras droit, en rapportant la main gauche *au-dessous de la capucine, le pouce allongé sur le bois et contre la capucine,* la poignée à 5 centimètres (2 pouces) au-dessous du téton droit, le coude gauche collé au corps, le bout du canon à hauteur du menton, saisir l'arme à la poignée.

2. A la dernière partie du commandement, qui est ARMES, porter l'arme en faisant face en tête et replacer vivement la main gauche sur le côté.

76. — Si, après avoir fait feu, on veut faire charger les armes, l'instructeur commande :

CHARGEZ.

1 *temps.*

Au commandement CHARGEZ, retirer vivement l'arme et la placer la crosse sous le bras droit, en rapportant la main gauche *au-dessous de la capucine, le pouce allongé sur le bois et contre la capucine,* la poignée à 5 centimètres (2 pouces) au-dessous du téton droit, le coude gauche collé au corps, le bout du canon à hauteur du menton (*à poudre, mettre le chien au cran du repos ; détacher les débris de la capsule*) ; exécuter la charge à volonté, et porter l'arme en faisant face en tête.

Position du deuxième rang.

77. L'instructeur commande :

Apprêtez = (*vos*) **ARMES.**

1 *temps*, 2 *mouvements.*

Comme pour le premier rang, n° 70.

En = **JOUE.**

1 *temps.*

78. — Au commandement **JOUE**, porter le pied droit à 16 centimètres (6 pouces) sur la droite, les pieds formant l'équerre; abaisser vivement le bout du canon, de manière qu'il dépasse le premier rang.

Le reste du mouvement comme il est prescrit n° 71 pour le fusil.

Redressez=(*vos*) ARMES.

1 *temps*.

79. — Comme il est prescrit n° 72, en rapportant le pied droit derrière le gauche, le coude-pied à 8 centimètres (3 pouces) du talon gauche.

Portez = *vos* ARMES.

2 *temps*.

80. — 1. Comme il est prescrit au premier temps du n° 73, en rapportant le pied droit à 8 centimètres (3 pouces) en arrière du gauche.

2. Comme au deuxième temps du n° 73.

FEU.

1 *temps*.

81. — Comme il est prescrit n° 74.

Portez = (*vos*) ARMES.

2 temps.

82. — 1. A la première partie du commandement, qui est PORTEZ, exécuter le premier temps du n° 75 pour le fusil, en rapportant le pied droit à 8 centimètres (3 pouces) en arrière du talon gauche.

2. A la dernière partie du commandement, qui est ARMES, exécuter le deuxième temps du n° 75.

83. — Si, après avoir fait feu, l'instructeur veut faire charger les armes, il commande :

CHARGEZ.

1 temps.

Au commandement CHARGEZ, retirer vivement l'arme; la placer la crosse sous le bras droit, en rapportant la main gauche *au-dessous de la capucine*, *le pouce allongé sur le bois et contre la capucine*, la poignée à 5 centimètres (2 pouces(

au-dessous au téton droit, le coude gauche collé au corps, le bout du canon à hauteur du menton, rapporter en même temps le pied droit à 8 centimètres (3 pouces) en arrière du talon gauche (*à poudre, mettre le chien au cran du repos, détacher les débris de la capsule*); exécuter la charge à volonté et porter l'arme en faisant face en tête.

TROISIÈME LEÇON.

Ire PARTIE.	IIe PARTIE.
Maniement des armes, les cavaliers ayant le sabre. Inspection des armes.	Marche aux différents pas, avec les armes.

PREMIÈRE PARTIE.

96. — On réunit, pour cette leçon, de 4 à 8

cavaliers. Ils sont en veste d'écurie, bonnet à poil, giberne. Ils ont le fusil et le sabre, et sont placés sur un rang à 1 mètre (3 pieds) l'un de l'autre.

97. — Maniement des armes, les cavaliers ayant le sabre.

Les cavaliers ayant le sabre au crochet, la monture en arrière, sont exercés au maniement des armes, suivant les principes détaillés à la deuxième partie de la deuxième leçon ; on leur apprend ensuite à mettre le sabre à la main, à présenter le sabre et à le remettre.

Pour exercer les cavaliers au maniement du sabre, il faudra les débarrasser du fusil, en le faisant mettre à terre conformément à ce qui est prescrit n° 55, ou le faire mettre à la grenadière, comme il est prescrit n° 53 ; dans ces deux cas, on fait reprendre la position de *reposez-vous sur vos armes*, par les commandements prescrits n°s 54 et 56.

98, 99, 100, 101, 102, 103, comme l'ordonnance.

Inspection des armes.

104. — Les cavaliers étant à la position de *reposez-vous sur vos armes*, l'instructeur commande :

Inspection = (*du*) FUSIL.

1 *temps*, 5 *mouvements*.

1. A la dernière partie du commandement, qui est FUSIL, faire un tiers d'à-droite sur le talon gauche, de manière que le talon droit se place à 8 centimètres (3 pouces) en avant et vis-à-vis du coude-pied gauche; tourner avec la main droite le fusil, la platine en dehors, la crosse restant à terre; saisir l'arme avec la main gauche, au-dessus de la main droite, qui se place à un pouce du bout du canon.

2. Saisir la baguette entre le pouce et le premier doigt ployé; la dégager ainsi qu'il est prescrit au premier mouvement du huitième temps de la charge n° 66 ; la mettre dans le canon, la laissant couler jusqu'au fond; faire face en tête, la main droite se plaçant à la première capucine; replacer la main gauche sur le côté.

3. Elever vivement l'arme avec la

main droite en la tournant la platine en avant; la placer dans la main gauche, qui la saisit, le petit doigt au-dessus et contre la platine, le pouce allongé le long du bois, la main vis-à-vis de l'épaule et à hauteur du menton, le coude abattu contre la crosse.

4. Descendre l'arme avec la main gauche, la saisir de la main droite à la capucine; reprendre la position *reposez-vous sur vos armes.*

5. Faire un tiers d'à-droite, comme au premier mouvement; tourner l'arme avec la main droite, la platine en dehors; la saisir avec la main gauche au-dessus de la droite; retirer la baguette du canon et la remettre dans ses tenons comme au neuvième temps de la charge; quitter l'arme de la main gauche, la saisir avec la main droite, faire face en tête pour revenir à la position de *reposez-vous sur vos armes.*

Inspection = *(du)* SABRE.

1 *temps*, 7 *mouvements.*

105. — 1. A la dernière partie du commandement, qui est SABRE, passer le fusil à gauche, la crosse auprès de la pointe du pied gauche, le canon appuyé contre le bras et maintenu par la main droite; incliner légèrement la tête à gauche, sans déranger la position ; décrocher le sabre et ramener la monture en avant avec la main gauche qui contient le fourreau au-dessous du premier anneau ; avec la même main, contenir le fusil en allongeant le pouce en avant du canon ; engager le poignet dans la dragonne, saisir le sabre à la poignée, dégager la lame du fourreau de six pouces, replacer la tête directe.

2. Exécuter le deuxième temps de mettre *le sabre à la main*, n° 98.

3. Présenter le sabre comme il est prescrit n° 99.

4. Tourner le poignet en dedans, pour montrer l'autre côté de la lame.

5. Porter le sabre à l'épaule, comme il est prescrit nº 100.

6. Exécuter le premier temps de *remettez le sabre*, nº 101.

7. Exécuter le deuxième temps de *remettez le sabre*, nº 101, en maintenant le fusil avec la main droite pour remettre le sabre au crochet; replacer avec la main droite le fusil auprès de la pointe du pied droit, à la position de *reposez-vous sur vos armes.*

106. — Lorsque les cavaliers exécutent correctement l'inspection des armes, pour les y exercer sans détail, l'instructeur commande :

Inspection = (*des*) ARMES.

A la dernière partie du commandement, qui est ARMES, les cavaliers exécutent les premier et deuxième mouvements de l'*inspection du fusil*, nº 104.

Chaque cavalier, à mesure que l'instructeur passe devant lui, exécute le troisième mouvement de l'*inspection du fusil*, n° 104.

Dès que l'instructeur l'a dépassé de deux cavaliers, le cavalier inspecté exécute les quatrième et cinquième mouvements de l'*inspection du fusil*, n° 104 ; il passe le fusil à gauche et met le sabre à la main, premier et deuxième mouvements de l'*inspection du sabre*, n° 105.

Chaque cavalier, à mesure que l'instructeur passe devant lui, présente le sabre, tourne le poignet en dedans, pour montrer l'autre côté de la lame, et porte le sabre à l'épaule ; troisième, quatrième et cinquième mouvements de l'*inspection du sabre*, n° 105.

Dès que l'instructeur l'a dépassé de deux cavaliers, le cavalier inspecté remet le sabre ; sixième et septième mouvements de l'*inspection du sabre*, n° 105 ; il repasse le fusil à droite, et reprend la position de *reposez-vous sur vos armes.*

107. — Si, au lieu de faire l'inspection des

armes, l'instructeur veut après les feux s'assurer seulement qu'il n'y a pas d'armes chargées, les cavaliers étant à la position de *reposez-vous sur vos armes*, il commande :

Baguette = (*dans le*) CANON.

1 *temps*, 2 *mouvements*.

1. A la dernière partie du commandement, qui est CANON, exécuter les premier et deuxième mouvements de l'*inspection du fusil*, n° 104.

2. L'instructeur étant passé, retirer la baguette et la remettre ; cinquième mouvement de l'*inspection du fusil*, n° 104.

DEUXIÈME PARTIE.

Marche aux différents pas avec les armes.

111. — Les cavaliers, ayant le sabre au crochet, sont exercés aux différents pas et aux mouvements détaillés dans la *deuxième partie* de la *première leçon ;* ceux armés de fusils sont exercés en outre à mettre l'arme au bras

ou sur l'épaule droite, et à la porter en marchant, ainsi qu'à faire feu avec des cartouches à poudre.

112. — Quand on veut faire exécuter un demi-tour par cavalier, l'instructeur fait auparavant porter les armes.

113. — Toutes les fois qu'on commande HALTE, les cavaliers portent vivement l'arme.

114. — Lorsqu'on exécute les feux à poudre, l'instructeur recommande aux cavaliers d'observer, en mettant le chien au repos, si la fumée sort par la cheminée, ce qui indique que le coup est parti. Si la fumée ne sort pas, le cavalier, au lieu de recharger, passe derrière le rang en tenant son arme le bout en l'air; il fait face en arrière pour épingler et amorcer de nouveau.

Si le cavalier, croyant le coup parti, a mis une seconde charge dans son arme, il doit, en bourrant, s'en apercevoir par la hauteur de la charge.

L'instructeur fait toujours l'inspection des armes après les feux à poudre, afin de s'assurer si quelque cavalier n'a pas fait la faute de mettre plus d'une cartouche dans son fusil. Il veille aussi à ce que le cavalier, en mettant le chien au repos, ne réarme pas son fusil par trop de précipitation.

QUATRIÈME LEÇON.

Ire PARTIE.	IIe PARTIE.
Exercice du sabre.	Tir à la cible.

PREMIÈRE PARTIE.

La première partie de cette leçon est donnée aux cavaliers comme il est prescrit depuis le n° 115 jusques et y compris le n° 151. Les cavaliers sont exercés aussi avec le fusil à la grenadière.

DEUXIÈME PARTIE.

Tir à la cible.

181. — Les officiers et les instructeurs doivent posséder des notions exactes sur la théorie du tir, afin d'apprendre aux cavaliers à faire usage de leurs armes à feu de la manière la plus avantageuse.

On considère dans le tir des armes à feu trois espèces de lignes.

La *ligne de mire* (A B) est le rayon visuel

qui, passant par les points les plus élevés du tonnerre et du devant du canon, est dirigé vers l'objet qu'on veut atteindre.

La *ligne de tir* (C D) est l'axe ou le milieu du canon; cette ligne représente la direction que la balle tend à suivre, à l'instant où elle est chassée du canon.

La courbe (ou *trajectoire*) C E F G est celle que la balle suit réellement, parce que la pesanteur l'oblige à s'abaisser continuellement par rapport à la ligne de tir, et à s'éloigner de plus en plus de cette ligne, qui est la direction primitive.

Par la construction des canons en général, la ligne de mire et celle de tir forment entre elles, au delà de la bouche du canon, un angle (A O C) plus ou moins ouvert, suivant l'épaisseur à la culasse et celle à l'extrémité opposée. La balle, à sa sortie du canon, coupe d'abord en (E) la ligne de mire à peu de distance de la bouche, passe au-dessus de cette ligne, s'en rapproche ensuite, la coupe une seconde fois (en G), et achève de décrire sa trajectoire jusqu'à sa chute. Ce second point d'intersection s'appelle *but en blanc*. On entend par *portée de but en blanc* la distance de ce point à la bouche du canon, lorsque la ligne de mire est horizontale.

Dans le mousqueton, modèle de 1816, l'épaisseur de l'embouchoir empêche de diriger un rayon visuel par les points les plus élevés du tonnerre de la bouche du canon, mais on peut faire passer la ligne de mire sur l'embouchoir et sur l'extrémité du canon. Ces deux points étant très-rapprochés, et la différence des épaisseurs correspondantes étant assez considérable, l'angle que font entre elles les lignes de mire et de tir est plus ouvert que

dans les armes allongées, et le *but en blanc* est porté à une plus grande distance. Cette distance étant de 200 mètres (100 toises) environ, pour le mousqueton, elle excède celle à laquelle les coups d'une arme aussi courte peuvent être dirigés avec un peu de certitude, d'où il suit qu'il faut viser au-dessous du but pour l'atteindre. Ainsi, pour frapper l'ennemi au milieu du corps, depuis la plus petite distance jusqu'à 68 mètres (34 toises), il faut viser directement au but; et, depuis 68 jusqu'à 150 mètres (75 toises), il faut viser à la hauteur des genoux. Cette indication est commune au cas où l'on tire sur un homme à cheval, comme à celui où l'on tire sur un homme à pied.

Pour habituer les cavaliers à tirer juste, on les exerce *à la cible*. Cette instruction pra-

4

tique est divisée en deux parties. Pour la première, la cible est un carré long en planches, dont la hauteur au-dessus du sol est d'un mètre 81 centimètres (5 pieds 6 pouces), et dont la largeur est de 57 centimètres (1 pied 9 pouces). Le milieu de cette cible est marqué par une bande noire de 8 centimètres (3 pouces) de largeur ; c'est cette bande que les coups bien ajustés doivent frapper. Une autre bande semblable est tracée à 49 centimètres (1 pied 1/2) au-dessous de la première.

De la plus petite distance, 50 mètres (25 toises), jusqu'à 68 mètres (34 toises), on doit viser directement à la bande du milieu ; depuis 68 mètres (34 toises) jusqu'à 200 mètres (100 toises), il faut abaisser graduellement la ligne de mire jusqu'à viser enfin à la bande inférieure.

Les cavaliers étant réunis, l'instructeur les fait porter successivement au point d'où l'on doit tirer. Il se place toujours à côté du cavalier qu'il exerce, pour lui expliquer comment il doit ajuster pour frapper le but. Le même cavalier tire trois fois de suite à chaque distance, afin de pouvoir mieux faire l'application des principes.

Quand les cavaliers ont été suffisamment instruits, on les exerce à tirer ayant les jambes écartées, comme s'ils étaient à cheval.

Lorsque les cavaliers connaissent bien, aux différentes distances, les quantités dont les balles s'écartent de la ligne de mire, ils sont exercés à tirer sur une cible de même dimension que la première, mais n'ayant qu'une bande noire au milieu.

Dans cette deuxième partie de l'instruction, les cavaliers évaluent eux-mêmes la hauteur à laquelle ils doivent viser pour atteindre la bande du milieu ; on les exerce, s'il est possible, dans des terrains plus ou moins élevés.

L'instructeur recommande aux tireurs d'appuyer solidement la crosse contre l'épaule droite dans la position d'*en joue*, de bien soutenir l'arme de la main gauche, de s'accoutumer à aligner promptement sur la bande les deux points par lesquels doit passer la ligne de mire ; enfin, de bien appuyer le premier doigt sur la détente pour faire feu, sans remuer la tête, ni déranger la direction de l'arme On fait quelquefois le commandement de *redressez vos armes*, afin que les cavaliers acquièrent l'habitude d'ajuster promptement.

Chaque année, tous les sous-officiers, brigadiers et cavaliers passent à cette école.

On note les meilleurs tireurs.

La plus grande partie des munitions fournies pour les exercices est employée au tir à la cible.

On a soin de faire ramasser les balles que l'on peut retrouver, afin de les refondre.

Pour le tir du pistolet, l'instructeur suit la même progression que pour celui du mousqueton. Les cavaliers sont placés à 10 mètres (5 toises) de la cible, et progressivement jusqu'à 30 mètres (15 toises). Ils sont exercés à tirer en avant, à droite, à gauche et enfin en arrière.

L'instructeur veille à ce que les cavaliers ne mettent dans le pistolet que la quantité de poudre nécessaire.

Les coups de cette arme, pour avoir quelque effet, devant être tirés à une très-petite distance, le cavalier doit toujours viser directement au point qu'il veut frapper.

Dans la position d'*en joue*, les cavaliers doivent conserver le bras demi-tendu (excepté dans le feu en arrière), et ne pas serrer les doigts : de cette manière, on diminue le tremblement de la main ; il faut aussi appuyer sur la détente progressivement et sans secousse, afin de ne pas déranger la direction de l'arme.

ÉCOLE DU CAVALIER

A CHEVAL.

Maniement du fusil.

ÉCOLE DU CAVALIER

A CHEVAL.

272 et 273. — Comme l'ordonnance.

PREMIÈRE LEÇON

A CHEVAL.

274, 275, 276. — Comme l'ordonnance.

Monter à cheval.

277. — L'instructeur commande :

PRÉPARFZ-VOUS POUR MONTER = (*à*) CHEVAL.

2 *temps*, le 2e divisé en 2 *mouvements.*

1. *A la première partie du commandement, qui est* PRÉPAREZ-VOUS POUR MONTER, *les n. 1 et 3 de chaque rang se portent en avant à 6 pas (6 mètres) en partant du pied gauche, et se maintiennent vis-à-vis de leurs intervalles, se réglant à droite.*

2. 1er *mouvement.* A la dernière partie du commandement, qui est (*à*) CHEVAL, porter le pied droit à 8 centimètres (3 pouces) en arrière du gauche ; faire un à-droite et demi sur les talons, le pied droit restant en avant; abandonner la rêne droite; glisser la main droite le long de la rêne gauche ; faire deux pas en partant du pied droit et un à-gauche sur la pointe du pied gauche, le côté droit vers le flanc du cheval ; rapporter le talon droit à 8 centimètres (3 pouces) en arrière du gauche, la main droite sai-

sissant le bout des rênes, et se plaçant sur le troussequin.

2e *mouvement*. Mettre le tiers du pied gauche dans l'étrier, en l'appuyant à l'avant-bras du cheval ; se tenir sur la pointe du pied droit, et saisir avec la main gauche une poignée de crins par-dessus les rênes, le plus avant possible, l'extrémité des crins sortant du côté du petit doigt.

A = CHEVAL.

2 *temps*.

1. A la première partie du commandement, qui est A, s'élancer du pied droit en tirant fortement les crins à soi ; appuyer en même temps la main sur le troussequin de manière à empêcher la selle de tourner ; le corps droit.

2. A la dernière partie du commandement, qui est CHEVAL, passer la jambe droite tendue par-dessus la croupe du cheval sans le toucher ; se mettre légè-

rement en selle, *en passant l'avant-bras droit sous le canon du fusil pour le soutenir*, portant la main droite sans quitter les rênes sur la fonte droite, la paume de la main appuyée dessus, les doigts en dehors, et prendre une rêne du bridon dans chaque main.

DEUXIÈME ET TROISIÈME LEÇONS.

Comme l'ordonnance.

QUATRIÈME LEÇON.

Ire PARTIE.	IIe PARTIE.
Travail de la troisième leçon, avec le sabre seulement.	Travail de la troisième leçon, avec toutes les armes.
Maniement des	Maniement des

armes de pied ferme.

Charger le fusil.

Charger le pistolet.

Feux du fusil.

Feux du pistolet.

Inspection des armes.

Exercice du sabre de pied ferme.

armes en marchant.

Exercice du sabre à toutes les allures.

Saut du fossé et de la barrière.

Charge individuelle.

Tir à la cible.

PREMIÈRE PARTIE.

383. — On réunit autant de cavaliers que pour la 3e leçon; leur tenue est la même; ils ont leurs armes.

L'instructeur est à cheval; il est secondé par deux sous-instructeurs.

Ces deux sous-instructeurs, également à cheval, sont armés comme les cavaliers, afin d'exécuter le maniement des armes à mesure que l'instructeur le détaille.

Travail de la troisième leçon, avec le sabre seulement.

384. — Les premiers jours de la 4e leçon sont employés à répéter tous les mouvements de la 3e, les cavaliers ayant le sabre seulement. Les cavaliers prennent ensuite toutes leurs armes. L'instructeur fait monter à cheval en exécutant le détail complet, comme il est prescrit n° 277. Avant de commencer le maniement des armes, il fait exécuter quelques mouvements *au pas* et *au trot*, pour calmer les chevaux. Pendant le reste de la leçon, le travail de pied ferme est entrecoupé de mouvements aux diverses allures. On exige dans leur exécution la plus grande régularité, de manière que les cavaliers, en apprenant à manier leurs armes, se perfectionnent de plus en plus dans l'habitude de conduire leurs chevaux.

Maniement des armes, de pied ferme.

385. — L'instructeur fait former les cavaliers

du premier rang par les commandements *front* et *halte*, comme il est prescrit n° 339.

Il fait ensuite former le deuxième rang à la gauche du premier, par un mouvement semblable. Chaque sous-instructeur se place à 6 pas (6 mètres) en avant du centre de son rang lui faisant face.

Les cavaliers seront exercés à mettre le fusil à la grenadière et à le replacer au porte-crosse.

Pour faire mettre le fusil à la grenadière, l'instructeur commande :

Fusil = *(à la)* GRENADIÈRE.

1 *temps*, 2 *mouvements*.

1. A la dernière partie du commandement, qui est GRENADIÈRE, passer le bras droit par-dessous le canon, déboucler la courroie du porte-canon avec les deux mains sans quitter les rênes, saisir avec la main droite le fusil en dessous et contre la capucine, le pouce en avant pour placer l'arme perpendiculairement sur le porte-crosse ; dégager l'arme du porte-crosse, l'élever ; porter la crosse sur la cuisse, le bout du canon haut et

en avant, au-dessus de l'oreille droite du cheval, le pouce sur le canon, la sous-garde en avant.

2. Élever le fusil en travers au-dessus de la tête, la platine en dessus, le bout du canon élevé et dirigé à gauche, la bretelle pendante ; passer la tête et le bras droit entre la bretelle et le fusil, qu'on laissera tomber à droite; placer la main droite sur la crosse pour la repousser en arrière, replacer la main sur le côté et ajuster les rênes.

386. — Pour faire remettre le fusil au porte-crosse, l'instructeur commande :

Replacez = *(le)* FUSIL.

1 *temps*, 2 *mouvements*.

1. A la dernière partie du commandement, qui est FUSIL, saisir l'arme à la poignée avec la main droite ; la tirer en avant pour passer le bras droit entre le corps et le fusil ; le saisir de la même main au-dessous et contre la platine, le passer en travers par-dessus la tête ;

porter la crosse sur la cuisse, le bout du canon haut et en avant au-dessus de l'oreille droite du cheval, le pouce sur le canon, la sous-garde en avant.

2. Baisser le fusil avec la main droite en le portant en avant, engager la crosse dans le porte-crosse ; saisir la bretelle avec la main gauche, sans quitter les rênes ; pour soutenir l'arme, passer l'avant-bras droit sous le canon, quitter la bretelle de la main gauche, prendre avec la main droite la courroie du porte-canon, la rouler deux fois autour du canon, la boucler avec les deux mains, repasser le bras droit par-dessus le fusil et ajuster les rênes.

387, 388, 389, 390, 391, 392, 393.—Comme l'ordonnance.

394. — L'instructeur commande :

POUR LE MANIEMENT DES ARMES.

A ce commandement, *relever la portière de la schabraque, la boutonner en haut, ajuster les rênes* et replacer la main droite sur le côté.

Charger le fusil.

395. — L'instructeur commande :

Haut = *(le)* **FUSIL**.

1 *temps*.

A la dernière partie du commandement, qui est FUSIL, comme il est prescrit au premier mouvement *pour mettre le fusil à la grenadière*, nº 385.

396. — L'instructeur commande : *Charge en dix temps*.

Chargez = *(le)* **FUSIL**.

1 *temps*.

1. A la dernière partie du commandement, qui est FUSIL, placer l'arme dans la main gauche, la main placée entre la capucine et la platine, le pouce allongé sur le bois contre la capucine, le bout

du canon un peu élevé et dirigé à gauche; *le pouce de la main droite en travers de la crête du chien, le premier doigt en avant de la détente, les autres derrière la sous-garde, le coude légèrement levé; mettre le chien au cran du repos, porter la main droite à la giberne, l'amener sur le côté, l'ouvrir ainsi que la poche aux capsules.*

2. *Prenez* = (*la*) CAPSULE.
3. AMORCEZ. (1 temps.)

} Comme il est prescrit à l'école du cavalier à pied, n. 60 et 61.

4. *L'arme* = (*à*) GAUCHE.

A la dernière partie du commandement, qui est GAUCHE, renverser le poignet gauche en l'avançant vers la tête du cheval; passer la crosse à gauche entre les rênes et le corps en avant de la fonte, la platine en dehors, laisser couler la main gauche jusqu'à l'anneau de la grenadière, le canon incliné à droite, la crosse vers la pointe de l'épaule du cheval; saisir le canon *de la main droite à 3 centimètres* (1 pouce) du bout.

5. *Prenez* = (*la*) CARTOUCHE. 6. *Déchirez* = (*la*) CARTOUCHE. 7. *Cartouche* = (*dans le*) CANON 8. *Tirez* = (*la*) BAG[t] .(1 temps.)	Comme il est prescrit à l'école du cavalier à pied n. 63, 64, 65, 66 et 67.

9. BOURREZ. (1 temps.)
10. *Haut* = (*le*) FUSIL.

1 *temps.*

A la dernière partie du commandement, qui est FUSIL, élever l'arme *avec la main droite, en la laissant couler dans la main gauche, qui la saisit entre la capucine et la platine ;* retourner le poignet en l'avançant vers la tête du cheval, passer la crosse à droite entre les rênes et le corps, saisir l'arme à la capucine avec la main droite en la quittant de la gauche, porter la crosse sur la cuisse, le bout du canon haut et en avant au-dessus de l'oreille droite du cheval, le pouce sur le canon, la sous-garde en avant.

397. — L'instructeur commande :

Replacez = (*le*) FUSIL.

1 *temps.*

Comme il est prescrit au deuxième mouvement du n° 386.

398, 399, 400. — Comme l'ordonnance.

Chargez = (*le*) FUSIL (*ou le* PISTOLET).

A la dernière partie du commandement, qui est FUSIL (OU PISTOLET), les cavaliers chargent sans s'attendre ni se régler les uns sur les autres, ayant l'attention de s'arrêter après la charge à la position de *haut le fusil* ou *haut le pistolet*, et d'attendre le commandement de l'instructeur pour replacer l'arme.

Feux du fusil.

402. — L'instructeur commande :

Haut = (*le*) FUSIL.

1 *temps.*

Comme il est prescrit n° 395.

Apprêtez = (*le*) FUSIL.

1 *temps.*

A la dernière partie du commandement, qui est FUSIL, abattre le fusil dans la main gauche, le bout élevé et dirigé à gauche; placer le pouce de la main droite *en travers de la crête du chien, le premier doigt en avant de la détente, les autres derrière la sous-garde;* armer *lentement* avec le pouce en tirant le chien en arrière jusqu'à ce qu'il soit bien assuré dans le cran; faire haut le fusil, la main droite se plaçant à la poignée.

(*En*) **JOUE**.

1 *temps.*

403. — Au commandement JOUE, porter avec la main droite la crosse à l'épaule, en avançant la main gauche vers la tête du cheval; soutenir l'arme à la capucine avec le pouce et le premier doigt de cette main, les autres fermés, pour contenir les rênes sans les allonger; placer le premier doigt de la main droite sur la détente, et ajuster à hauteur de ceinture d'homme.

FEU.

1 *temps.*

404. — Au commandement FEU, appuyer le premier doigt sur la détente et faire

feu sans déranger l'arme ; la retirer ensuite et la replacer dans la main gauche, comme au premier temps de la charge n° 396, le pouce de la main droite *en travers de la crête du chien,* le premier doigt sur la détente.

Haut = *(le)* **FUSIL.**

1 *temps.*

405. — A la dernière partie du commandement, qui est FUSIL, faire haut le fusil, comme au 2e mouvement du n° 395.

Replacez = *(le)* **FUSIL.**

Comme il est prescrit n° 397.

406, 407, 408, 409. — Comme l'ordonnance.

410. — Si, après avoir fait feu du fusil ou du pistolet, l'instructeur veut faire charger les armes, il commande :

CHARGEZ.

Au commandement CHARGEZ, exécuter la charge à volonté et *haut le fusil* ou *pistolet*, se tenant prêt à armer ou à replacer l'arme au commandement de l'instructeur.

411. — L'instructeur commande : POUR L'INSPECTION DES ARMES.

A ce commandement, exécuter ce qui est prescrit au commandement : POUR LE MANIEMENT DES ARMES, n° 394.

412. — L'instructeur commande :

Inspection = *(du)* FUSIL.

1 *temps*, 5 *mouvements*.

1. A la dernière partie du commandement, qui est FUSIL, faire *haut-le fusil*, comme il est prescrit n° 395.

2. Placer l'arme dans la main gauche, la passer à gauche comme au sixième temps de la charge ; mettre la baguette dans le canon comme au huitième temps de la charge et replacer la main sur le côté.

3. Avec la main droite élever la baguette jusqu'à la moitié, le bras demi-tendu ; la laisser retomber dans le canon, et replacer la main droite sur le côté.

4. Retirer la baguette du canon, la remettre dans les tenons, faire *haut le fusil.*

5. Replacer le fusil au porte-crosse.

414, 415, 416, 417, 418, 419, 420, 421.— Comme l'ordonnance.

DEUXIÈME PARTIE.

Travail de la troisième leçon avec toutes les armes.

422.—L'instructeur commence cette deuxième partie à faire exécuter aux cavaliers, ayant toutes leurs armes, les mouvements de la troisième leçon aux diverses allures.

Il veille à ce que le poids et le mouvement des armes ne leur fassent pas perdre la régularité de la position.

424.— Les cavaliers marchent en colonne *au pas*, l'instructeur fait exécuter la *charge à volonté du fusil et du pistolet.* Il veille à ce que les cavaliers passent exactement par tous les temps, sans cesser de conduire leurs chevaux avec la même régularité.

Saut de la Barrière.

429. — Les cavaliers devront être exercés à sauter, *ayant le fusil à la grenadière* ainsi qu'au *porte-crosse.*

Tir à la cible.

433. — La hauteur de la cible pour le tir à cheval est de 2 mètres 2/3 (9 pieds), et sa largeur est de 1 mètre (3 pieds), proportions d'un homme à cheval. Cette cible est marquée à 1 mètre 2/3 (5 pieds) de hauteur par une bande noire de 8 centimètres de largeur. C'est cette bande que les coups bien ajustés doivent frapper.

Les cavaliers sont formés sur un rang à 300 mètres (150 toises) et vis-à-vis de la cible.

On plante dans la direction du peloton à la cible un jalon indiquant la distance d'où les cavaliers doivent tirer.

On fait d'abord tirer le fusil à 50 mètres (25 toises), et le pistolet à 10 mètres (5 toises); à mesure que les cavaliers prennent plus d'habitude, on éloigne progressivement le jalon de la cible, jusqu'à la distance de 200 mètres (100 toises) pour le fusil, et de 30 mètres (15 toises) pour le pistolet.

L'instructeur, après avoir fait charger le fusil et l'avoir fait mettre à la grenadière, donne aux cavaliers les instructions suivantes:

Toutes les fois qu'un cavalier en marche doit faire *feu du fusil*, il s'arrête, faisant face à l'objet sur lequel il doit tirer, et place son cheval dans une direction telle, qu'il puisse ajuster en avant de lui, le bout du fusil di-

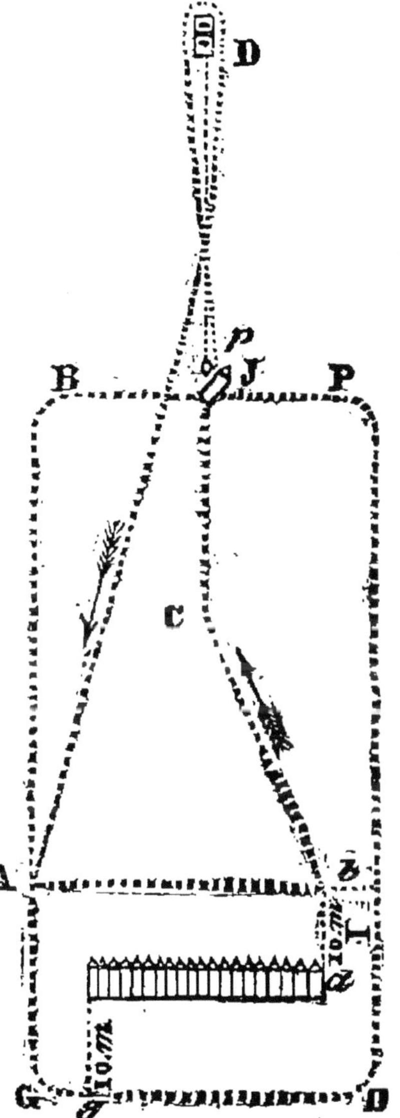
D
p
B
J
P
C
A
b
I
10 m
a
10 m
G
g
D

rigé entre l'épaule et l'oreille gauche de son cheval.

Pour donner aux cavaliers en marche l'habitude de se placer promptement de manière à faire feu sur les objets situés en avant d'eux, sur leur gauche ou sur leur droite, l'instructeur fait exécuter les mouvements ci-après détaillés :

1. — Le cavalier désigné sort du rang, fait *haut le fusil*, et marche droit au jalon. Arrivé à hauteur du jalon, il s'arrête, arme son fusil, fait feu, repart droit devant lui, et, après quelques pas, fait *demi-tour ;* il revient, en chargeant son arme, se placer à la gauche du rang, passant par derrière.

2. — Le cavalier désigné sort du rang, fait *haut le fusil,* tourne à gauche, ensuite à droite, et marche droit devant lui jusqu'à la hauteur du jalon. Là, il tourne à droite et se dirige sur le jalon ; lorsqu'il en est près, il fait un *à-gauche*, s'arrête, arme son fusil, ajuste et fait feu; ensuite il fait un *à-droite*, et vient se replacer, en chargeant son arme, à la gauche du rang, passant par derrière.

3. — Le cavalier désigné sort du rang, fait *haut le fusil,* tourne à droite, ensuite à gauche, et marche droit devant lui jusqu'à la hauteur du jalon. Là il tourne à gauche et se dirige sur le jalon ; lorsqu'il en est près, il fait un *à-droite,* s'arrête, arme son fusil, ajuste et fait feu ; ensuite il fait un *à-gauche*, et vient se

replacer, en chargeant son arme, à la gauche du rang, passant par derrière.

Les cavaliers, exécutant correctement ces mouvements *au pas*, y sont exercés en marchant *au trot* et *au galop*.

Après que les cavaliers ont été exercés à tirer le pistolet de pied ferme, l'instructeur leur donne les instructions suivantes :

Pour faire feu du pistolet en marchant, le cavalier ne doit point s'arrêter, ni changer de direction ou d'allure.

Pour le tir en avant, le cavalier désigné sort du rang, fait *haut le pistolet* et l'apprête. Arrivé à hauteur du point d'où il doit tirer, il ajuste, fait feu, marche encore quelques pas, fait *demi-tour*, et revient, en chargeant son arme, se placer à la gauche du rang.

Pour le tir à droite ou à gauche, le cavalier exécute le 3e ou 2e mouvement indiqué pour le fusil, avec la différence qu'il ne s'arrête pas, ne fait point face à la cible, et fait feu sans changer de direction.

Pour le tir en arrière, le cavalier désigné sort du rang, fait *haut le pistolet*, l'apprête et se dirige vers la cible, de manière à la laisser un peu à sa droite ; arrivé à sa hauteur, il tourne autour, et lorsqu'il se trouve entre la cible et le rang, il ajuste, fait feu en arrière sur la cible, et revient, en chargeant son arme, se placer à la gauche du rang.

Ces mouvements, s'exécutant correctement *au pas*, sont répétés *au trot* et *au galop*.

ÉCOLE DE PELOTON

ÉCOLE DU PELOTON

A CHEVAL.

Articles 1, 2, 3, 4. — Comme l'ordonnance, depuis le n° 434 jusques et y compris 588.

Tirailleurs.

589. — Comme l'ordonnance, en ajoutant au dernier paragraphe, que lorsque les cavaliers chargent en fourrageurs ou en tirailleurs, et lorsqu'ils se reforment en peloton après avoir été dispersés, ils mettent le fusil à la grenadière avant de

mettre le fusil à la main; dans aucun cas le fusil ne doit être mis au porte-crosse lorsqu'il est chargé.

Dans les feux des tirailleurs, les cavaliers laissent la giberne sur le côté et ne la repoussent en arrière qu'à la sonnerie du demi-appel pour cesser le feu.

590. — Comme l'ordonnance.

Les cavaliers, ayant été suffisamment exercés à tous les mouvements des tirailleurs, seront instruits à mettre pied à terre et à se former avec célérité pour combattre à pied.

Tous les mouvements de cette instruction seront exécutés dans le commencement, en les décomposant pour les faire mieux concevoir.

Le peloton étant en bataille, l'instructeur commande (1):

Préparez-vous = pour combattre =

A PIED.

1 *temps*, 4 *mouvements.*

---

(1) Deux trompettes assistent à cette instruction; le trompette de droite tient le cheval de

1. A la dernière partie du commandement, qui est PIED, passer le fusil à la grenadière, se préparer à mettre pied à terre, comme il est prescrit nº 301 de l'ordonnance (1).

2. Exécuter, ayant le fusil à la grenadière, ce qui est prescrit pour *mettre pied à terre*, nº 301 de l'ordonnance; les nºs 4 de chaque rang resteront à cheval, et l'on n'engagera pas l'extrémité des rênes dans la courroie de charge de gauche.

---

l'instructeur qui met pied à terre avec la troupe.

Le sous-instructeur, qui met aussi pied à terre, donne son cheval au cavalier de gauche du premier rang, qui le conduira de la main gauche.

Le trompette, qui doit suivre l'instructeur, et qui met également pied à terre avec la troupe, donnera le sien au cavalier de gauche du deuxième rang, conformément à ce qui est prescrit à l'école de l'escadron.

(1) Prévenir les nºs 4 ainsi que les cavaliers de l'aile gauche du peloton, quels que soient leurs numéros, de ne pas exécuter le mouvement 301.

3. Reprendre les rangs comme il est prescrit n° 301, faire un à-droite, passer avec la main droite les rênes par-dessus la tête du cheval, saisir l'extrémité des rênes avec la main gauche, les ressaisir avec la main droite à 6 pouces de la bouche du cheval, les ongles en dessus; faire un à-gauche pour faire face en tête, mettre le sabre au crochet sans quitter les rênes.

4. Faire demi-tour à droite en saisissant les rênes de la main gauche à 6 pouces de la bouche du cheval, les ongles en dessus, laissant couler la main droite jusqu'à l'extrémité des rênes; les nos 3 de chaque rang donnent les rênes aux nos 4 restés à cheval: les nos 2 et 1 engagent avec les deux mains les rênes par le bout, dans la têtière de bride du cheval qui est à leur droite, les passant sous la muserolle et le montant de la bride, les y attachant par un nœud coulant de façon que chaque cheval soit à un pied environ de celui auquel il est attaché ; se remet-

tre face en tête par un demi-tour à droite (1).

L'instructeur commande :

Cavaliers = (*en*) BATAILLE.

A la dernière partie du commandement, qui est BATAILLE, se porter douze pas en avant du peloton des chevaux, en lui tournant le dos, les cavaliers du deuxième rang passant, le demi-rang de droite par l'aile droite, le demi-rang de gauche par l'aile gauche, et se plaçant derrière leurs chefs de file; tendre la bretelle du fusil

(1) Les rênes sont passées de bas en haut, d'arrière en avant et sous la muserolle du licol. Deux trompettes sont attachés au peloton ; l'instructeur et le sous-instructeur mettent pied à terre, ainsi qu'un trompette, qui donne son cheval au cavalier de gauche du deuxième rang ; le sous-instructeur donne le sien à celui du premier rang ; l'instructeur donne le sien au trompette resté à cheval. Le serre-file est remplacé, pour le peloton à pied, par un brigadier qui a mis pied à terre.

et prendre la position de *reposez-vous sur vos armes.*

Les nos 4 qui restent à cheval sont chargés de la conduite des chevaux *haut le pied* qui sont à leur droite ; ils prennent dans la main le bout des rênes du premier cheval haut le pied, les soutenant près du mors avec la main droite, les ongles en dessous ; un sous-instructeur ou sous-officier serre-file du peloton reste avec les chevaux haut le pied pour les diriger.

Les cavaliers ayant été exercés suffisamment aux divers mouvements de cette instruction, seront exercés à les exécuter de suite avec célérité et sans s'arrêter sur aucun mouvement, au seul commandement fait par l'instructeur *préparez-vous pour combattre à pied.*

Les deux rangs étant formés, le peloton sera conduit où il devra combattre à pied, et il sera exercé d'après ce qui est prescrit nos 220, 224, 248, de l'ordonnance.

Les chevaux haut le pied seront aussi exercés à changer de position en marchant par rang et par quatre.

Lorsque l'instructeur voudra faire remonter les cavaliers à cheval, il les ralliera s'ils sont dispersés en tirailleurs, comme il est prescrit n° 248 de l'ordonnance.

Le peloton étant rallié et formé, l'instructeur commande :

CAVALIERS, DEMI-TOUR = (*à*) DROITE.

Il conduit le peloton par le deuxième rang; arrivé à deux pas des chevaux, il commande :

Cavaliers = (*à*) CHEVAL.

A ce commandement, les cavaliers rejoignent leurs chevaux avec célérité en évitant de les effrayer; ils mettent le fusil à la grenadière, montent à cheval et mettent le sabre à la main.

Le commandement *cavaliers à cheval*, dont l'exécution doit avoir lieu en un temps et en marchant, sera dans les commencements exécuté en quatre mouvements et de pied ferme, pour en faire mieux concevoir l'exécution. A cet effet, le peloton étant rallié et mis en marche par le deuxième rang, l'instructeur l'arrête à douze pas des chevaux et fait prendre la position de *reposez-vous sur vos armes*, et il commande :

Cavaliers = (à) CHEVAL.

1 *temps*, 4 *mouvements*.

1. A la dernière partie du commandement, qui est CHEVAL, défaire la boucle de la bretelle du fusil, la faire couler jusqu'à la capucine, mettre le fusil à la grenadière, comme il est prescrit n° 53.

2. Rejoindre les chevaux, les cavaliers du deuxième rang se dirigeant par les mêmes côtés où ils ont déjà passé après avoir mis pied à terre ; détacher le cheval, passer les rênes par-dessus l'encolure, décrocher le sabre, et prendre la position du cavalier avant de monter à cheval, n° 276.

3. Exécuter les deux temps de *se préparer pour monter à cheval*, comme il est prescrit n° 277.

4. Exécuter les deux temps de A CHEVAL, comme il est prescrit n° 277; reprendre les rangs, ajuster les rênes et mettre le sabre à la main.

Le peloton étant formé, l'instructeur le portera en avant et l'exercera de nouveau à exécuter ce qui est prescrit nos 581 et suivants.

ÉCOLE DE L'ESCADRON

A CHEVAL.

Art. 1, 2, 3, 4. Comme l'ordonnance.

Ajouter au dernier paragraphe du n° 767 de l'ordonnance :

Si, dans un escadron, un peloton doit mettre pied à terre pour combattre à pied, le capitaine-commandant commande :

1. *Premier* (ou *quatrième*) *peloton* =

POUR COMBATTRE A PIED.

2. MARCHE.

Au premier commandement, le chef du peloton fait remettre le sabre (1).

Au commandement MARCHE, répété

---

(1) Il doit de plus commander : *Peloton en avant.*

par le chef du peloton, ce peloton se porte en avant; arrivé à douze pas, le chef du peloton l'arrête et il commande :

Préparez-vous = pour combattre =

A PIED.

Ce qui s'exécute comme il est prescrit nº 590.

Le peloton étant formé à pied, il est conduit à la position qu'il doit défendre, et il est exercé d'après ce qui est prescrit nºs 220, 221, 248 de l'ordonnance.

Les chevaux haut le pied seront conduits en arrière du centre de l'escadron.

Lorsque le capitaine-commandant voudra faire remonter à cheval le peloton qui combat à pied, il fait sonner le ralliement. A cette sonnerie, le chef de ce peloton se place sur le point où il veut rallier les cavaliers, s'ils sont dispersés en tirailleurs, et le ralliement se fait comme il est prescrit nº 586.

Le peloton étant formé est conduit par le deuxième rang à douze pas du point où se trouvent les chevaux haut le pied; le chef du peloton fait le commandement *cavaliers à cheval*, ce qui s'exécute comme il est prescrit nº 590; il reprend sa place dans l'escadron.

Si le capitaine-commandant veut faire mettre pied à terre à une division, il commande :

1. *Première* (ou *deuxième*) *division* =

POUR COMBATTRE A PIED.

2. MARCHE.

Ce qui s'exécute d'après les principes prescrits pour un peloton. Le sous-lieutenant commandant le deuxième peloton de la division reste avec les chevaux haut le pied; le lieutenant commande les cavaliers à pied; il forme deux pelotons qui sont exercés d'après les principes prescrits à l'école du peloton.

Si tout l'escadron doit mettre pied à terre pour combattre, le capitaine-commandant commande :

Préparez-vous = *pour combattre* = A

PIED.

Ce qui s'exécute par tout l'escadron, comme il est prescrit pour un peloton, n° 590.

Le capitaine en second et un officier restent avec les chevaux haut le pied; le capitaine-commandant porte son escadron à pied sur le point où il doit combattre, et se conforme à ce qui est prescrit à l'école de l'escadron à pied.

Il fait remonter à cheval d'après les commandements et les principes prescrits pour un peloton, n° 590.

FIN.

PARIS. — IMP. DE NAPOLÉON CHAIX ET Ce, RUE BERGÈRE, 20.

www.ingramcontent.com/pod-product-compliance
Ingram Content Group UK Ltd.
Pitfield, Milton Keynes, MK11 3LW, UK
UKHW022051170726
13837UKWH00002B/891